RÉFORME

ÉLECTORALE.

IMPR. ET FOND. U. LOCQUIN ET COMP., 16, N.-D.-DES-VICTOIRES.

CE QUI SERAIT UNE

RÉFORME

ÉLECTORALE.

Combien d'opinions admises comme vraies par une génération, et dont la fausseté a été démontrée par la génération suivante !   DUCLOS.

UTOPIE.

AVRIL 1839.

PARIS

AMBROISE DUPONT, ÉDITEUR,

7, RUE VIVIENNE.

CE QUI SERAIT UNE

RÉFORME ÉLECTORALE.

Je ne me dissimule pas l'importance et la diffi‑
culté de la tâche que je m'impose. Il me faut pour
l'entreprendre une hardiesse qui sera peut‑être
taxée de témérité, et pourtant ce n'est pas pour
décliner la responsabilité de mes opinions que je
me décide à les publier anonymes, mais je veux
dégager de toute prévention le jugement qui sera
porté sur elles; dans un temps où la haute nais‑
sance était un privilége, tous les enfants d'une
origine inconnue étaient présumés nobles, les écrits

anonymes m'ont paru jouir d'un droit analogue dans notre aristocratie littéraire, et ce motif a été le seul de ma réserve. J'use ainsi d'un abus que je viens combattre, et je donne mon avis sur les affaires publiques sans avoir prouvé le droit que je puis avoir d'en parler, mais d'après la loi qui nous régit, dans un collége électoral partagé également entre deux candidats, ma voix peut élire un député dont le vote renversera un ministère et changera la direction politique du gouvernement; et je n'ai donné d'autre garantie à la société pour exercer ce droit exorbitant que le chiffre de mes contributions; j'ai bien aussi, ce me semble, celui de dire que cet état de chose est mauvais, et ce droit m'en impose le devoir si je crois savoir un moyen d'y remédier.

La publication de quelques observations sur cette matière n'a-t-elle pas au moins le mérite de l'à-propos; jamais peut-être, depuis l'établissement du régime représentatif en France, ce système n'a été en butte à de plus vives attaques; quelques esprits sérieux paraissent même douter de son excellence, ceux qui professent l'opinion contraire ne doivent-ils pas croire que ses inconvéniens momentanés proviennent de quelques vices dans le mode de son application; ce sentiment a déjà pour interprètes tous ceux qui demandent une réforme électorale, et leurs adversaires obéissent plutôt à la juste crainte de compromettre le salut des institutions par des modifications trop fréquentes, qu'à un respect raisonné pour la loi qu'ils défendent. D'autres au contraire, et malheureusement en grand nombre, attribuent au système lui-même les embarras de la situation actuelle, leurs récriminations qu'ils n'osent pas encore exprimer tout haut aujourd'hui, pourraient demain devenir dangereuses. J'ai voulu leur répondre d'avance. Gardons-nous d'imiter pour notre forme de gouvernement l'inconstance que nous avons montrée souvent et d'une manière si déplorable dans nos entreprises industrielles. Nous adoptons avec frénésie une invention nouvelle, un procédé importé de l'étranger, mais bientôt notre économie malentendue, l'incurie habituelle de nos ouvriers, donnent lieu à quelques accidents ou trompent nos espérances exagérées, nous n'en recherchons pas la cause réelle, la défaveur est jetée sur le procédé tel bon qu'il puisse être quand il est employé avec constance et discernement, tout est abandonné en quelques jours, et les avantages qu'en pourrait retirer le pays sont perdus à jamais.

On ne peut se dissimuler que la machine représentative ne fonctionne pas d'une manière irréprochable, ce n'est pas à dire qu'elle soit mauvaise, que tant de hautes intelligences qui l'ont créée et perfectionnée se sont trompés dans leurs calculs, et

qu'il faille abandonner leur œuvre de quarante années ; je crois au contraire qu'en appliquant son
principe plus réellement, nous arriverons à un résultat meilleur. C'est ce que je vais essayer de prou-
ver, et sans autre préambule j'entre en matière.

Notre loi fondamentale, la charte de 1830, établit
trois pouvoirs: Le roi, la chambre des pairs, la
chambre des députés. Ils expriment les trois élé-
ments du gouvernement et de l'existence même d'une
nation ; l'unité dans l'action, que représente la
royauté représentée elle-même par des ministres
responsables ; la permanence des traditions, que
doit représenter la pairie ; l'amélioration par un
progrès raisonné, dont la chambre des députés doit
être l'expression. Cette définition de la mission
des trois pouvoirs étant admise, il faut rechercher si
les conditions reproductives de leur existence les
rendent susceptibles de remplir fidèlement cette
mission. Le premier est et doit être héréditaire.
La composition du deuxième appartient dans l'état
actuel au premier avec quelques restrictions imposées
à son choix, mais qui sont indépendantes du troisième. Cette disposition de notre loi peut se justifier par l'action de circonstances passagères qui la
rendaient peut-être nécessaire, mais elle ne peut
s'admettre logiquement. Le troisième enfin est élec-
tif et doit être en effet composé des mandataires

directs de la nation tout entière. Ces mandataires sont élus par elle, mais les conditions de leur élection peuvent seules justifier la réalité de leur mandat. Ce sont elles que je me suis particulièrement proposé d'examiner. Cependant, si je suis conduit par une déduction logique à condamner celles qui sont actuellement employées, je devrai proposer aussi quelques modifications au principe constitutif de l'autre chambre, afin de rétablir l'équilibre dans un nouvel ordre de choses. Quand une équation est composée de trois termes, il faut nécessairement en changer deux, si on ne veut pas toucher au troisième. Mais je veux justifier mon titre, et m'occuper d'abord de la représentation électorale.

Je pars de ce principe, que le droit électoral appartient à tous les citoyens. Le but de toutes les études sur la matière doit être en conséquence d'étendre l'exercice de ce droit autant que possible sans danger pour la société, car du moment qu'un droit est reconnu, il ne faut en refuser l'usage qu'à l'incapacité de l'exercer utilement et sciemment. Le problème à résoudre est de trouver à quels signes la société reconnaîtra les citoyens capables d'exercer leur droit électoral sans inconvénient pour ses intérêts, et quelles garanties elle peut en exiger pour preuve. Le signe généralement employé dans notre régime actuel est la quotité du cens. Je ne tiens pas compte de quelques adjonctions de capacité introduites comme à regret dans la loi, et qui n'y semblent servir qu'à constater l'absurdité du principe sur lequel repose tout le système. Ces prémisses étant posées , il s'ensuit une division toute naturelle de mon travail. Les garanties que demande la société pour conférer l'exercice du droit électoral sont-elles effectivement exprimées par le cens. Cette base est-elle de nature à étendre les limites du corps électoral, à mesure qu'un plus grand nombre de citoyens sont capables d'en faire partie, et à augmenter ce nombre ? Si ces deux questions sont résolues négativement, quelle autre base doit-on choisir pour juger de la capacité des citoyens à user de leur droit , et comment le formuler dans une loi ?. Et enfin quelle perturbation cette réforme opérerait-elle dans l'équilibre des pouvoirs, et par quelles modifications dans le mode constitutif de la chambre des pairs pourrait-on le rétablir ?

Ce n'est pas le chiffre, mais le principe même du cens électoral que je viens combattre ; l'argument toujours présenté en sa faveur est que la contribution est une mesure exacte de la propriété , et que ceux qui possèdent ont un intérêt particulier au repos de la société : aussi dois-je m'efforcer en premier lieu de le réduire à sa juste valeur ; et d'abord l'impôt direct est-il toujours non pas même une mesure exacte, mais seulement une preuve de la propriété ou de la possession (1). Non , en beaucoup de circonstances dont un examen approfondi des listes électorales fournirait de nombreux exemples , tous les négociants qui travaillent avec des fonds en commandite , les fils et neveux de propriétaires dont les biens par l'action d'un testament ne leur appartiendront peut-être jamais ; les propriétaires dont les biens sont grevés de nombreuses hypothèques peuvent justifier un impôt considérable , et ne possèdent rien. L'impôt n'est donc pas toujours une preuve de propriété, la proposition réciproque est aussi vraie. Tous les capitalistes dont les fonds sont placés sur l'Etat ou dans des entreprises particulières, s'il leur prend fantaisie de loger en hôtel garni, ne paient aucun impôt direct, et pourraient cependant donner toutes les garanties de la possession à la société. Ces exemples qui paraissent peut-être forcés parce qu'ils sont pris absolument et dans des exceptions, sont d'autant plus communs qu'on les applique d'une manière relative. Ceci nous conduit à examiner la seconde partie de l'argument qui est le point de départ de toutes les discussions à propos de la fixation du cens électoral. Je ne la nie pas absolument. Ceux

(1) La propriété s'entend des biens fonds, la possession de tout le reste. Je confonds l'une et l'autre, car la loi les confond aussi, puisque les patentes et l'impôt personnel sont comptés comme l'impôt foncier dans le cens électoral.

qui possèdent sont en effet naturellement rangés parmi les plus intéressés à la sûreté de l'Etat, mais ils ne sont pas les seuls, et d'ailleurs la question est surtout celle-ci : la mesure de leur avoir est-elle en raison directe de cet intérêt, c'est ce que je nie, et je vais essayer de justifier mon incrédulité à cet égard. Je me servirai encore de quelques exemples qui rendront ma pensée plus claire et plus frappante. Le journalier qui à force de travail est devenu possesseur d'un morceau de terre qu'il cultive avec peine, mais dont les produits suffisent au besoin de sa famille, n'y tient-il pas autant et même plus que le propriétaire par héritage à son bien, dont les revenus considérables peuvent être insuffisants à ses habitudes de luxe? L'ouvrier établi, qui travaille pour son compte mais avec un capital prêté sur les garanties que présentaient son habileté, son ordre, ses habitudes de régularité et d'économie, ne tient-il pas à son établissement autant et plus que le grand industriel à une entreprise gigantesque dans laquelle ses fonds sont engagés, et qui joue sa fortune dans l'espoir de bénéfices exagérés. Enfin pour généraliser ma pensée, ne puis-je pas poser cet axiôme : L'amour de la propriété naturel à l'homme, provient de la somme de bonheur que son usage lui procure, et par conséquent la mesure de cet intérêt peut se calculer non sur la valeur de la propriété, mais d'après l'emploi qui lui est donné , et la manière dont elle a été acquise ; d'où il suit que le gage de sécurité exigé par la société de ceux auxquels elle confère le droit d'élection , ne doit pas être basé sur l'importance de la propriété possédée , mais sur la moralité du possesseur ; en effet même en admettant que l'impôt fût une preuve réelle de la propriété, sa valeur ne serait pas une mesure exacte de l'amour de l'ordre dans le propriétaire. Passons à un autre argument qui a été aussi avancé par les défenseurs du cens électoral. Il s'agit de la capacité des électeurs : ce n'est pas assez, ont-ils dit , d'avoir intérêt au maintien de l'ordre social pour pouvoir utilement exercer le droit d'élection, il s'agit encore de le comprendre et d'avoir l'intelligence assez éclairée sur les affaires du pays pour faire des choix utiles à ses intérêts et ne pas subir des influences dangereuses.

Je prends acte de cette assertion acceptée de part et d'autre, ce qui m'épargne le soin de la développer moi-même ; mais je demanderai encore si les registres de la recette particulière nous donnent des renseignements bien exacts sur ce genre de capacité. Il est vrai qu'une contribution assez élevée, deux cents francs par exemple, suppose, dans ceux qui la paient, une certaine aisance, et partant une éducation libérale. Toutefois cette règle est sujette à de nombreuses exceptions ; et d'ailleurs, l'éducation, comme on l'a entendue jusqu'ici, n'est pas un gage de la connaissance des affaires publiques ; autant pourrait-on dire que l'étude des langues apprend les mathématiques, qu'on devient bon musicien en peignant d'après nature; en effet, qu'enseigne-t-on dans nos écoles primaires? lire, écrire, compter, et rien de plus ; dans les colléges? des langues : la nôtre un peu moins que toutes les autres, les vivantes beaucoup moins que les mortes, des sciences exactes sans application, un peu d'histoire considérée sous un point de vue abstrait, et d'ailleurs, l'histoire ancienne est plus enseignée que la moderne, et la nôtre est encore entre toutes la plus négligée. J'insiste sur ce dernier point, le plus important dans la matière qui nous occupe. J'en appelle à tous les hommes sérieux; n'ont-ils pas dû recommencer leurs études historiques en sortant de nos écoles, et combien peu s'en donnent la peine et croient en avoir le temps? Il faut se choisir un état; nos fortunes ne sont jamais en proportion avec nos goûts, nous voulons augmenter notre bien-être par une occupation lucrative, et ceux mêmes dont la fortune suffit à leurs besoins, veulent se classer dans la société en suivant une carrière. Cette nécessité du travail pratique pour tous est un progrès que je me garderai de blâmer, mais il s'en suit que bien peu de jeunes gens ont le courage de se livrer à des études dont l'application n'a

pas un but immédiat et déterminé. Tous les négociants, les employés d'administration, les artistes et
les agriculteurs sont de bonne heure absorbés par la
spécialité qu'ils ont choisie ; les militaires, les in-
dustriels fabricants se livrent pendant quelque temps
encore à l'étude des sciences mathématiques et phy-
siques, et sont bientôt aussi uniquement occupés de
leur métier ; les médecins apprennent seulement ce
qu'il leur en faut des sciences naturelles pour exercer le leur ; les avocats, les magistrats, les notaires
et avoués étudient, il est vrai, les lois du pays, mais
encore les lois civiles et criminelles sont les seules
véritablement approfondies par eux ; et, dans les
classes inférieures, ceux qui ont suivi les cours de
nos écoles primaires, n'ont rien appris qu'à pouvoir
apprendre ; rien ne les dirige : ils lisent au hasard,
quand ils en ont le temps, le goût et l'occasion, ce
qui flatte leurs penchants grossiers, ou égare leur
raison laissée sans guide et sans principes. Parmi
tous ces hommes, que nous apprendra le cens sur
leur capacité à user avec connaissance de cause de
leur droit électoral ? Le plus élevé pourra être payé
par des agriculteurs et des négociants dont les occu-
pations habituelles sont les plus éloignées de toute
culture de l'esprit, de toute connaissance de l'histoire
et des lois, et ceux même qu'il désignera comme
étant les plus instruits parce qu'ils sont les plus ri-

ches, les propriétaires sans état, n'auront appris à connaître l'esprit et l'origine de nos institutions, que si cela leur a plu, pour occuper leurs loisirs, et la société n'en pourra pas trouver un gage certain et appréciable dans le total de leurs contributions. Je crois avoir démontré plus haut que le cens ne pouvait servir toujours de preuve à la propriété et que la valeur de la propriété n'était pas un gage d'amour de l'ordre et d'intérêt au maintien des institutions; il ne donne pas non plus une juste mesure de l'intelligence, de l'instruction et surtout de la connaissance des institutions; ne suis-je pas bien près d'avoir prouvé qu'il ne doit plus servir de base à tous nos droits politiques.

Je veux cependant encore revenir sur son compte et signaler un de ses inconvénients qui, à lui seul, pourrait le faire abandonner comme tel : supposons un moment que je ne sois pas dans le vrai, et que la somme des contributions directes exprime exactement la capacité et les intérêts conservateurs de celui qui les paie. Combien de jours la mesure en sera-t-elle exacte ? Il faudra changer le chiffre tous les ans, et tantôt dans un sens, tantôt dans un autre ; sinon vous prohiberez aujourd'hui l'exercice de droits réellement acquis, demain vous l'accorderez sous garanties suffisantes, ce qui est également dangereux : une guerre, une épidémie ou simplement une mau-

vaise saison , et des événements d'un autre ordre
d'importance, l'introduction d'une nouvelle industrie,
l'abandon ou l'emploi d'une culture, devront changer
la base que vous aurez établie. D'ailleurs l'unifor-
mité du chiffre est déjà une injustice palpable; la
France est trop vaste et ses départements trop différents pour que cette base soit la même sur toute
son étendue ; l'échelle de la fortune privée ne peut
être la même de Brest à Strasbourg , de Lille à Per-
pignan : ici vous serez injustes, ailleurs trop con-
fiants. Cette mesure, quand même elle serait théori-
quement bonne, serait mauvaise dans son application,
puisqu'elle varie sans cesse , et par des motifs indé-
pendants des causes qui agissent sur ce qu'elle veut
exprimer : l'impôt , d'une part , et de l'autre , la moralité et le développement de l'intelligence.

Mais si le cens ne sert plus de règle à la capacité électorale , que mettre à la place ? Si je ne m'é-
tais cru préparé à cette question , j'aurais gardé le
silence ; car mon but n'est pas de détruire ce qui est,
mais de lui donner au contraire plus de force et de
stabilité. Je crois que le meilleur moyen serait de
choisir la seule base qui me semble raisonnable et
juste, d'un triage entre les citoyens du même pays
pour accorder aux uns du droit d'élection refusé à
d'autres : je veux dire le développement de l'intelligence par la science. Je pense qu'on ne me contes-

2

tera pas le principe, mais la possibilité de son application. Quant à moi, je crois fermement que la difficulté n'est pas insoluble, et cette conviction me donne la hardiesse de développer la méthode qui me paraît la meilleure.

Je propose la composition d'un catéchisme social et politique, en quatre parties graduées, dont la connaissance suffisamment justifiée, conférerait successivement l'usage du droit d'élire et la faculté d'être élu à leurs différents degrés.

Je me sers à dessein du terme de catéchisme pour répondre d'avance à l'objection qu'on ne manquera pas de me faire sur mon programme du 1er degré, qu'il serait trop élevé et trop étendu pour le peuple qui travaille; mais les préceptes et l'histoire d'une religion ne sont-ils pas d'une nature aussi abstraite et aussi difficile à mettre à la portée de toutes les intelligences que l'organisation sociale et politique d'un pays; et partout où une. loi religieuse est en pleine vigueur, il n'existe pas un individu même aux degrés les plus inférieurs de l'échelle sociale qui ne la connaisse parfaitement. Si nous questionnons un paysan en Basse-Bretagne, un highlander en Écosse, un serf en Russie, un paria dans l'Inde, nu calender en Perse, ils nous répondront avec certitude et netteté sur l'origine et les préceptes de leur religion. Tous les hommes savent quelque chose, il ne s'agit que de leur apprendre ce qu'ils doivent savoir. On m'opposera aussi que je vais faire une foule de docteurs ; ils ne voudront plus s'occuper que des affaires publiques et délaisseront la charrue et le marteau pour la tribune aux harangues. Cette objection aurait quelque valeur si dans mon système tous ceux qui jouissent des mêmes droits ne devaient pas être également instruits, mais elle tombe d'elle-même devant le principe d'une diffusion générale des connaissances qui devraient être obligatoires pour obtenir le droit de cité. Cette exigence de la société ne serait pas exorbitante. Un exemple en est bien près de nous, il existe maintenant en Suisse, et chez nous même, quand la loi catholique était toute puissante, tout homme ne pouvait ni se marier, ni régulariser la naissance de ses enfants, ni obtenir les honneurs de la sépulture, que si depuis le baptême il avait pris ses grades de catholique et d'homme civilisé par des actes qui justifiaient de son instruction religieuse. Nous avons rendu notre loi athée, elle est la seule base de notre édifice social, la société peut et doit exiger que l'homme pour profiter de ses bénéfices, pour jouir de ses droits de citoyen et d'homme civilisé, connaisse la loi qui les lui confère ; et cette garantie est la seule que puisse justement demander la société. Or je n'en trouve pas trace dans le système qui nous régit ; car les adjonctions de capacité déjà admises, et que voudraient étendre quelques publicistes, bien qu'elles paraissent dériver de ce principe, ne remplissent pas le but proposé. En effet, les études littéraires, la connaissance des sciences naturelles ou exactes, et même des lois civiles et criminelles, supposent mais ne prouvent pas l'étude de l'organisation politique du pays. Comment, pour guérir un rhume, pour plaider une cause en police correctionnelle, vous exigez six années d'une éducation particulière, et une suite d'examens qui la justifie, et vous ne demandez aucune garantie de savoir spécial non seulement à ceux qui choisissent vos mandataires, mais encore à ces mandataires eux-mêmes qui doivent voter l'impôt, faire les lois, juger en dernier ressort les traités, exercer enfin une part de la souveraineté? Aussi vous créez une influence excessive à quelques uns d'entre eux qui ont mis leurs facultés au service de leur ambition, et ont appris ou feignent d'avoir appris ce que tous leurs collègues devraient savoir; les autres adoptent une opinion sans la raisonner, et se mettent à la suite d'un chef de parti par des sympathies irréfléchies ou des calculs faux mais dérivés d'un intérêt matériel que vous avez excité, en donnant pour mesure à la capacité la quotité du cens, c'est à dire le symbole prétendu de la propriété. Dans le corps électoral les choix sont dirigés par des promesses corruptrices, les séductions d'une éloquence menteuse et sans contrôle, ou les fausses spéculations d'un intérêt étroit de localité; dans la chambre quelques capacités réelles ou fausses paradent au milieu de spectateurs soumis à des influences qu'ils ne seraient pas capables de justifier par un jugement motivé; les majorités sont flottantes parce que les opinions ne sont pas basées sur des principes tirés d'une instruction solide, et si malgré tant d'entraves, le bon sens populaire se fait jour et nécessite une modification dans le système du pouvoir exécutif, la royauté est forcée de choisir dans le cercle étroit de quelques notabilités créées par les circonstances et dont les titres n'ont jamais reçu de sanction réelle; et dans la presse qui est surtout un pouvoir en raison de l'ignorance publique, les théories les plus dangereuses, parce qu'elles sont les plus absurdes, peuvent être professées sans exciter le dédain qu'elles méritent. Quel autre remède apporter à ce déplorable résultat de notre système de gouvernement que de rentrer enfin dans sa vérité, et de n'accorder l'usage des droits qu'à la capacité de les exercer avec connaissance de cause. Pour atteindre ce but il faut établir des programmes de connaissances et des catégories de droits justement balancés et rendre ceux-ci conséquence des autres.

Je vais essayer de les établir, mais je n'ai pas la prétention de donner mes formules comme défini:-

tives; la réunion de toutes les intelligences les plus éclairées dans ces matières, l'académie des sciences morales et politiques par exemple, pourrait seule mener à bien cette tâche si difficile : balancer exactement les droits avec les connaissances nécessaires pour les exercer sciemment, mais j'aurais atteint mon but si j'avais rallié quelques partisans au principe.

Pour chaque catégorie, j'expose d'abord les connaissances que la société exige comme garantie, et ensuite les droits qu'elle confère. — A chacune je donne une limite inférieure de l'âge, la limite supérieure ne serait pas fixée. — La durée de chacun des cours serait de deux ans. — Le candidat au degré supérieur devrait toujours faire partie de la classe inférieure d'un degré. — Pour la justification des connaissances acquises, je crois avoir combiné la méthode des examens publics et de l'assiduité aux cours, de manière à réserver à la société et aux citoyens leurs garanties et leurs droits respectifs.

PREMIER DEGRÉ.

Programme des connaissances exigées.

L'enseignement des écoles primaires inférieures. La charte, les faits principaux de l'histoire de France. Les principes généraux du code civil et du code pénal. Les lois du recrutement, de la garde nationale et des attributions des conseils municipaux.

Je ne mentionne pas dans ce programme l'enseignement d'une loi religieuse; ne voulant laisser aucun prétexte d'exception à son application générale, je dois le rendre indépendant de tous les différents cultes. Le cours serait professé dans les écoles primaires.

Droits.

Citoyen jouissant de ses droits civils. — Electeur des conseils munipaux. — Garde-national, électeur des sous-officiers. (Le corps de la garde nationale, composé de tous les citoyens libérés du service militaire, serait divisé en deux parts, l'une active et l'autre de réserve.)

Le catéchisme, résumant les connaissances que j'ai

énumérées plus haut, contiendrait toutes les questions qui pourraient être posées dans les examens passés à vingt ans, à l'époque du tirage pour le recrutement. La publicité des examens, la précision des questions, ne laisseraient pas une latitude dangereuse aux cinq examinateurs de chaque chef-lieu de canton, qui seraient renouvelés par cinquième tous les cinq ans et choisis par les conseils municipaux parmi les électeurs du deuxième degré.

Si l'instruction n'était pas jugée suffisante, le candidat au titre de citoyen serait contraint à une assiduité constante à deux cours complets ; sous les drapeaux s'il était tombé au sort, ou dans la commune s'il y retournait libéré du service militaire ; après ce terme, le titre de citoyen électeur du premier degré lui serait conféré sans examen.

Après le premier cours, le candidat pourrait demander l'examen, et s'il le passait d'une manière satisfaisante, il serait dispensé du deuxième.—L'état de maladie serait la seule cause admise d'interruption dans les cours, et des examens partiels sur les matières traitées pendant l'absence dispenseraient de les reprendre tout entiers. — Avant de passer aux degrés supérieurs, je dois faire une distinction tirée des principes élémentaires du droit naturel ; la société peut contraindre tous ses membres, pour participer aux avantages d'un état civilisé, à lui donner des garanties sur l'usage qu'ils feront de leurs droits, mais elle ne peut exiger plus ; ainsi l'obligation qu'elle impose d'être citoyen et en même temps électeur de premier degré ne pourrait s'étendre aux degrés supérieurs. Ce serait au contraire les citoyens qui voudraient obtenir des droits électoraux d'un ordre plus élevé, qui pourraient, s'ils se trouvaient mal jugés dans leurs examens, obtenir par leur assiduité constante à deux cours, leur admission à la classe supérieure, mais aucune contrainte ne serait exercée sur eux à cet égard. — Aussi ne deviendrait-elle pas une condition de l'enseignement littéraire et scientifique qui doit rester entièrement facultatif.

DEUXIÈME DEGRÉ.

Programme des connaissances exigées.

L'enseignement s'étendrait des principes au détail des lois que j'ai désignées, des faits généraux de l'histoire du pays aux vicissitudes qu'a subies son organisation politique. Les attributions des conseils généraux, quelques notions de statique et de géologie appliquées au tracé et à l'entretien des voies de communication, et aux améliorations agricoles et industrielles compléteraient ce cours. Une chaire en

serait ouverte dans chacun des chefs-lieux d'arrondissement.

Droits.

Juré ; éligible comme membre des conseils municipaux et comme examinateur du premier degré.

Electeur des conseils généraux.

Garde national , électeur des officiers , éligible au
grade de sous-officier.

Cinq examinateurs dans chacun des chefs-lieux
d'arrondissement seraient renouvelés tous les cinq
ans par cinquième , et choisis par les conseils généraux , parmi les électeurs du troisième degré.

TROISIÈME DEGRÉ.

Programme des connaissances exigées.

Faits généraux de l'histoire ancienne et moderne
de tous les peuples. Cello de toutes les assemblées
législatives en France depuis les états généraux de
l'ancienne monarchie jusqu'aux dernières législatures
serait l'objet d'une étude particulière. Les différents
systèmes d'impôts et de recrutement en vigueur dans
tous les états civilisés ; et enfin un examen approfondi de toutes les lois et ordonnances qui régissent

les différentes branches de l'administration , de l'ar-
mée , de la marine , des finances , de l'instruction
publique , des cultes , de la justice et du commerce.
Les cours se tiendraient dans tous les chefs-lieux de
département.

Droits.

Eligible comme membre des conseils généraux ,
comme examinateur du deuxième degré et officier
dans la garde nationale. Electeur des députés; dix
examinateurs dans chaque chef-lieu de département
seraient renouvelés tous les cinq ans par cinquième ,
et choisis par les conseils généraux parmi les éligi-
bles du quatrième degré.

QUATRIÈME DEGRÉ.

Programme des connaissances exigées.

Examen comparé de tous les systèmes d'économie
politique ; cours de droit complet ; des législations
comparées de toutes les nations modernes. L'histoire de l'Europe diplomatique , c'est à dire de tous
les traités qui ont successivement fondé les limites
actuelles de tous les états.

Les cours auraient lieu dans les universités.

Droits.

Eligible comme député et comme examinateur du troisième degré.

Dix examinateurs dans chaque université seraient choisis et nommés à vie par la Chambre des députés, parmi les députés actuels ou anciens.

Dispositions transitoires.

La loi serait exécutable douze ans après sa promulgation, et tous les cours devraient être organisés dans un délai de deux années; passé le terme de douze ans, tous les électeurs des deuxième, troisième et quatrième degrés, qui voudraient conserver l'exercice de leur droit auraient pu passer leurs examens ou suivre leur double cours. — Dans le premier degré, la nature des droits qu'il confère est double et exige une distinction. On conserverait le même terme de douze ans pour la capacité électorale; quant à ce qui concerne l'exercice des droits civils, la loi ne serait applicable qu'aux citoyens de l'avenir qui auraient moins de dix ans accomplis au moment de sa promulgation, et qui de toutes manières se trouveraient ensuite dans les conditions voulues pour présenter à la société les garanties qu'elle doit exiger en échange du droit de cité.

Je dois ajouter encore qu'aucune condition de fortune n'étant exigée pour la députation , il faudrait nécessairement assurer un traitement aux membres de la chambre pendant la durée de leur mandat.

Il me reste maintenant à chercher dans quel sens j'ai dérangé l'équilibre de la balance des pouvoirs , et comment je pourrais le rétablir. Il est évident que je n'ai touché en rien au pouvoir royal, mais j'ai donné un tel développement au principe progressif en accordant à tous les citoyens l'exercice du droit électoral avec des conditions qu'il ne tient qu'à eux de remplir , que je dois nécessairement renforcer l'élément permanent des traditions qui réside maintenant dans la royauté seule. La chambre des pairs doit être héréditaire pour représenter ce principe : seulement outre les conditions d'âge , des garanties de capacité seraient encore exigées des membres de la chambre ; ils ne pourraient siéger qu'étant électeur du 3ᵉ degré et délibérer qu'ayant rempli les conditions d'admission au 4ᵉ. Les pairs nouveaux que. le roi voudrait nommer ne pourraient être choisis par les ministres que dans la chambre élective. Malgré ces conditions nouvelles , je sais combien de récriminations souleverait cette partie de mon projet ; mais je la crois une conséquence nécessaire de la première et impossible à séparer d'elle d'une manière logique. Je pense d'ailleurs que ces attaques tomberaient d'elles-mêmes quand l'éducation politique du pays serait plus avancée puisqu'elles partiraient surtout du côté de l'opinion qui aurait le plus à gagner à l'abandon de l'état actuel des choses.

Notre pacte fondamental n'est plus conséquent avec lui-même si l'un des trois pouvoirs a pour origine l'un des deux autres. Une deuxième chambre élective répondrait aussi peu au sens profond de la loi qu'une chambre à la nomination du roi ; il faut au 3e pouvoir une origine indépendante des deux autres ; l'hérédité peut seule la lui donner, et comme les extinctions de famille empêchent que son action soit suffisante, le complément doit s'obtenir par une action commune des deux autres, telle que le choix du roi borné aux mandataires de l'élection ; de cette manière tout est balancé. Le roi règne et les ministres gouvernent entre deux conseils : l'un qui représente l'élément permanent et conservateur, l'autre qui représente l'élément variable et progressif. N'est-ce pas ainsi que serait réalisée cette promesse qui résumait si heureusement les vœux de la France : la charte sera désormais une vérité.

Un électeur éligible.